Adam von Bodenstein

Badenfart Büchlin - zum andernmal von neuem gedruckt

Adam von Bodenstein

Badenfart Büchlin - zum andernmal von neuem gedruckt

ISBN/EAN: 9783743602144

Hergestellt in Europa, USA, Kanada, Australien, Japan

Cover: Foto ©ninafisch / pixelio.de

Manufactured and distributed by brebook publishing software (www.brebook.com)

Adam von Bodenstein

Badenfart Büchlin - zum andernmal von neuem gedruckt

Badenfart Büchlin.

Deß Edlen Ehrwirdigen Herren/ Theophrasti Paracelsi schreiben/ von warmen Wasserbädern. Sechs köstliche Tractat/ Armen vnd Reichen/ nützlich vnnd notwendig. Woher die selbige warm/ vnd andere wasser kalt/ vnnd auß was vrsach sie solcher gewaltiger Krefften/ das jhr vrsprung mit wachsender arth auß der erden/ gleich wie die kreuter vnd Beume von jrem samen/ mit schönem bericht/ wie menniglich jres brauchs sich behelffen mag. Welchen kreuteren besonderbare Bäder züvergleichen. Was franckheiten ein jeglichs angreiffe. Vorhin von niemands/ mit solchem fleiß vnd herrlichen grundt/ vnderricht vnd mit nützbarkeit an tag gegeben worden. Dann hierin steckt der edel Wasserschatz/ die rechte Idromantia, beschrieben. Jtzunder zum andermmal von neuwem gedruckt.

Mit fleiß vnd müh/ Doctor Adams von Bodenstein/ zu einem guten neuwen jar publicirt.

✳

✳ Ἀνἐχȣ καὶ ἀπἐχȣ. ✳

Gedruckt zu Franckfurt am Mayn/
durch Peter Schmidt/ 1566.

Dem Fürsichti
gen/ Ehrenhafften/ vnnd
weisen Herrē/ Melchior Dorß/
Apoteckern/ der weit berümp-
ten Statt Colmar/ meinem
vertrauweten lieben
Brůder.

Wiewol war/
dz niemants
so gscheid kā
sein/ das er
mennigklich
gefallen thue/ so ist es doch/ der=
halben/ dieweil jede arbeit nit
allen gefallen/ mit nutzbaren sa
chen hinderm hag zůhalten/ nit
jeder zeit erschießlich. Das ich
in vil weg bedacht/ vnd volgēds
A ij wun=

Vorrede.

wunderbarlichs vnnd nützliches Buch/von Bedern/lenger nicht der welt verhalten wöllen/ welches wiewol der eussern proportion nach/gar ringfüg/ aber seines inhalts dermassen hoch zühalté/das ich warhafftig sprechen darff seines gleichen sey vorhin nie für meine Augen kommen/ dieweils nicht nur fürbringet/daß examen der wassern welches durch Gewicht/Geschmack/Dampff/Kochen/ Congelieren eingenommen wird/ als ich vnd mein hausse die artzet/biß anher in dem brauch gehabt. Sundern/

Vorrede.

es bewert die badwasser auß jhren natürlichen Krefften vnd würckungen/ welche sie dem Krancken/ auch gesundem weſentlich vnd (alſo zu= reden) ſchier zugreiffen/ ein= bringendt.Vnd erkleret/das die warme waſſer in der erdt kugeln/ gleich wie die Beume auff der Erden/ liegen thūt/ ja wie die beum ab jrem ſam men auß der Erden hinauff inn den lufft wachſen. Alſo auch gehe auß dem Centro der Erden ein ſolcher ſame/ welcher gebere waſſergeng/ die ſich außteilen inn viel eſt vnnd glieder/ ſo weit am tag
A iij die

Vorrede.

die Erdglobel jren gang hab/ mit viel anderenn notwendig zů wissen argumenten ꝛc. Vnd ist so deutlich in seinem grunde vñ seiner materi das billich dem nottürfftigen der beder ein freude vñ trost sein solle/das aber von tölpeln die wild vnd andre wasser beder für ein gespött/als ob in jnen nicht mehr krafft sey/weder in gemeinen wassern/derhalben es ein vberfluß von Thermis zuschreibē gehalten wirt jrret mich gar nicht/sonder trag groß wunder/wenn sie ein mal von jrem vngereimpten duncken lassen wöllen.

Was

Vorrede.

Es würde doch jnē zumut/ wañ sie in Sanct Johannes schrifft võ dem teich bey dem schlachthauß leßten / welchs Wasser solcher Krafft nach bewegung des Engels / das den ersten menschē so darein kam / vonn aller leibs kranck heit erledigt? Wann ist es doch zeit das die thoren so täg lich von gott mit dem mundt schreiben als ob sie allein von Gott glauben / vonn jrem vn glauben vnnd gleißnerey ab sthen? wann werdens im siñ vñ hertzē/ rechte Christen / so jhren nechsten lieben / als sich selbst / durch welche Liebe sie

A iiij mit

Vorrede.

mit den wercken vnnd früch-
ten beweisen das dem Men=
schen zu wolfart solche krefft
vnd geheimnis Gottes in na
türliche ding gepflantzt wor
den seye. Es were zeit/ den
wolff vnder der schaff wul=
len hinauß zujagen/ vnd das
demütig Hertz in liebe vnnd
glaubē zu erzeigen/ Also wañ
ich oder ein andrer erfarner/
vonn sachen schreiben so jh=
nen vnkündigen vnmüglich/
das sie gedult trügent biß die
erfarenheit an sie auch keme/
vnnd nicht also mit pfuchtß
gen vnnd heimlichen stichen
auch verkleinerung hinder=
rucks

Vorrede.

rucks vmbgehen. Diesen ehr
renstelenden wirdts jetz selt-
tzam/das diß büchlin fürstelt
der aussatz werde hingenom
men mit artzney vñ bedern.
Dañ sie nicht wissen wie vil
lerley gschlecht des außsatzes
ist. Wiewol war/das der H.
Matheus die Aussetzigen zů
reinigen gebeut vnnd keinen
auß nimpt/demnach dann
Christi predig/nichts sey ver
borgen es muß offenbar wer
dē/nichts sey so heimlich/mā
werdts erkündigen/will ichs
festigklich glauben/vnd jnen
jhr hochmut in vnwissenheit
zutreffen gebē/jetz aber vom

A   v   lob

Vorrede.

lob vnnd wunder der waſſer mit kurtzen worten reden alſo. Ob gleichwol die heuchler den Hiſtoriē nicht glaubē geben/ die beſchreiben/ es ſey in Vngern eines Waſſers art vnd krafft/das es jeglichs Eyſen in kupffer verwandel. So wiſſet aber jhr lieber Herr Melchior/ das ich nun mehr dann einmahl Stahel/ auch Eyſen mit hülff waſſers in gut Kupffer tranſmutiert gewaltigklich hab/ dz auch beſſer worden/dann æs uulgare gemein natürlichs Kupffer. Sieweil dann im werck ſich erſcheint/dz vormittelſt waſ=
ſers

Vorrede.

sers / die rechte substantz vnd form deß eysens / also in höheren vnnd köstlichen gradum bracht vn̄ noch / zur zeit / von mir nie wider degradiert vn̄ verbösert können werden / so habt jr der verstendiger wol zubedencken / was hertlicher würckung die wasser am porosischen linden menschlichē leib vermögens sind. Derhalben / ich vnder euwerem dem verstendigen / erfarnen vnnd kunstlibenden Appotecker / nammen vnnd schirm / diß Buͤch publicieren / dann wol mag (euch nit zügehör gesagt) besteten / das mir keiner

in

Vorrede.

in ewerem berůff zůkommē/
so mit fleiß/ mühe vnd ernst/
wie jhr thut/ der rechten ar=
tzney vnd Appotecker kunst
nachtrachtet/ mit bitt wöl=
lends also vonn mir/ wie diß
beschicht freundtlich annem=
men/ vnd mit eyfer in der ge=
grünten kunst medicina, die
geheimnuß/ das recht Edel
bärlin zůersuchen fürzufarē
vnbeschwert sein/ darumb jr
dem HERREN Gott de=
ster angenemer vnnd lieber
den franckē one zweiffel wer
den. So dann viel auß zuspre
chen/ wer vñ was dieses bůch
Autor Paracelsus gewesen/
achten

Vorrede.

achten ich vnnötig/dann neben der zeugnuß seiner vnerschöpflichen geschicklichkeit/der fromen/Hochgelehrten/vieler meñer/so solcher seiner sinnreichen künsten verwunderung tragen/wie ist vnder anderẽ/Erasmus/Roterodamus/Valentius Antrapassus/Ciperinus Flacnus/Sabeus Dacus/Bebeus Ramdus/Gellius/Zemeus/ꝛc. Deren schrifften vñ gezeugnuß jr gelesen/habt jhr auch bey hãden seines schreibens nicht ein geringen theil bücher/das ich dann für ein sondere gab warhafft halte/vnnd auß dem allem/

Vorrede.

lem/jr schon vor langem Theophrasti wesens/standts vnd erudition berichtet/darumb mein schreiben kürtzen vnnd euch mit euwerer haußhaltung Gott in sein genad befelhen wil. Geben zů Basel den 8. Martij ANNO M.D.LXVI.

Adam von Bodenstein/Philosophiæ ac Medicinæ Doctor.

I

Deß Ehrwirdigen Edlen Herren, Theophrasti Paracelsi schreiben, von den warmen Bädern, volget der erst Tractat.

Das erst Capitel.

Nfengklich, so ich die vrsach der Warmen Bädern anzeigen sol, sage ich die erst seye separatio, scheidung, vn̄ das auff ein sölchen grund zübeschreiben. Erstlich so ist die noturfft züwissen, was separatio sey: So ist separatio ein werck, dz da scheidet zwey vereiniget wesē võ einand, jetlichs in sein eigene krafft potentiam bringt, gleich als ein holtz das mitten entzwey gespalten wirt, wiewol das von der substantz gered wirt, vnd nicht von wesen. Wie aber, so viel das holtz anzeigt in der substantz, an dem ort võ dem wesen zü gleichermaß verstāden wirt. Nun weiter was das
B   sey,

Badenfart Büchlein/
sey/dz da die separatio gescheiden hat/ ist geweſt kalt vnd warms/also/daß das warm in sein wāsen komen iſt/ vn̄ das kalt auch in sein wāsen. Wann im anfang der dingen ist die temperatur gestannden/ vnnd wie ein yetliche temperatur māßigkeit von zweyen widerwertigen gesetzt muß werden/ also auch hie zůuerſtehn iſt/vn̄ iſt ein solche gleichnuß/als wenn ein heyß ſiedendig waſſer zů einem kaltē waſſer gegoſſen wird / dz heyſt temperatum. Nun ist die ſcheydung/daß/das heyß widerumb vom kalten kumbt/vnd das kalt vom heyßen/wie wolgemachet kelte erfunden werden/auch gemachet hitz/ vn̄ beyde auß der transmutierung verwandelung hindan fallen widerumb inn das alt wāsen/iſt hie aber kein vrsach ein widerſtand zůhalten/dan die scheidung/von deren ich red/tractiert vnnd handelt von den beſtendigen wā ſen/ſo auß der geburt kommen/vnnd nicht auß der transmutierung.

Das ander Capitel.

Der erst Tractat.

NVn aber hie die rationes vrsachē darauß zunemen/ gib ich in den weg zuuerstehn/ nit das so eben ein gleiche wag in thermis beder so von jnē selbs warm sindt gebraucht werd/ wie das ober exempel auß weist/ Sonder eins mer dan das ander am grad der hitz oder kelte gradiert ist. Auch in der quantitet vile der selbigen/ vnnd in der sche. dūg/ so sie vō ein ander kom men/ nicht so gar eben beim höchsten außgezogen wird/das warm vom kal ten/oder kalt vom warmen/sonnders zū beiden seiten ein annhang behalt/ der sy nicht laßt gar zū heyß sein/noch gar zū kalt/ wie dan beyder wesen der kelte vnd hytz befunden zuhaben. Die weil nū solche vermischūg im anfang der dingen nicht mag widerredt were den/noch vil weniger die scheidung de ren zweyē/auß vrsach wie bemeldt ist/ auch die nachuolgendē exempel bewei sen/ das im anfang vor der scheidūg/ tag vn nacht ein ding gwesen ist/ Son vnd Mon ein ding/ Somer vnd Win
B ij ter

ter ein ding/ die metallen all in einem
corpus gestanden alle frücht in einem
samen/ alle generationes gebürten der
gleichen: Auß dem volgt nů hårnach/
die weil tag vnnd nacht eintweders in
seiner potentia macht gestandē ist/ biß
nach der scheidung jrer zweien von ein
ander/ dergleichen auch Somer vnd
Winter in einer tēperatur måßigkeit/
biß nach der scheidūg der hitz von der
kelte/ also auch Sonn vnnd Mon ein
liecht/ biß nach der scheidūg zwey/ ein
weiß/ vnd ein rots/ dz in solcher krafft
vnd gestalt die warmen wasser vñ die
kalten beieinander gestanden sind/ vñ
auß bemelter krafft gescheiden. Dann
was ist in der temperatur dz nicht kalt
vnd warm sey? Darumb auch von der
zeit solcher wassern kalt vnd warm in
vnzergengligkeit/ mit Soñ vnd Mon
bleibē werden/ vnd verharren die zeit
tags vñ nachts/ Somers vñ Winters
vñ als notwendig gewesen ist die liech
ter zuscheiden/ Sumer vnd Winter/
etc. gleich so notwēdig ist auch erschei-
nen

Der erst Tractat
nen das kalt wasser vom warmen/ vn̄ das warm vom kalten zuscheiden/ vn̄ jetliches an sein ort zůverordnen/ wie ander ding verordnet sind.

Das dritt Capitel.

Hierauff ist zumercken/ dz ein jettlich ding so in der tēperatur stehet/ das ist in einem corpus/ leib/ bei einander/ keinerley souil jr sind jren gewalt haben mögen/ so lang biß sie gescheidē werden Also ist dises ein vrsach/ dz der mō sein wäsen allein an jm hat/ die Son das jr/ der Winter vnd auch der Summer/ also auch tag vn̄ nacht/ solcher ordnůg ist separatio ein vrsach/ damit ein jettlichs keme jn sein krafft vnnd gewalt: Auß solcher ordnůg nit allein das/ da ich hie von tractier/ sonder alle ding jr krafft empfangē habē. Hierauß volgt ein exēpel/ wie die ordnung den früchten gebē ist/ welche all in einem gestandē sind/ wie nun die selbigen voneinander gesündert stōnd. So hie in gleicher weis die warmen bäder vnd kaltem wasser zůvergleichen

B iij   sind

sind. Also wie nun das obs vnn anders
wachst/ auß der téperatur gescheidē/
gleich als wol müglich vnd billich sein
mag/ ein siedēt wasser zuentspringē/
als wol als ein kalts. Sol nun kalts
müglich sein/ warumb nicht auch das
warm? Ist dz kalt nott zuhaben/ war
umb auch nicht das warm? Vnnd als
wenig der winter on den sommer sein
mag/ die nacht on dē tag/ also wenig
mag kalt wasser on das warm sein: ist
müglich noch schlechter ding/ do weni
ger nutz noch frucht auß entspringt zu
wachsen/ warumb wolt dan nicht das
notwendiger auch müglich sein? Dar
umb solche warme wasser neben denn
kalten/ vnd allen andren gewächsen/
geschetzt vnd geacht sollen werden.

Das vierdt Capitel.

SO jr aber dieser meiner philoso-
phey je an dem ort wolten ein wi
dstand thūn/ vermeintē villeicht
mich der Theologei zuuil vnderwun-
den haben/ vnd der Philosophey ent-
wichen/ so besehend ein merern grund
an/

an/der euch villeicht bedunckẽ wirde
der Philosophey/ gleich messiger vnd
ånhlicher zuſein/ vnd iſt von der ſcheis
dung puri vnd impuri/ das iſt/ des reis
nen vom vnreinen/ vñ lauter auff den
grund zuſcheiden/die tugend von der
vntugend/ alſo/daß das nutzlich von
dem vnnutzlichẽ genomẽ werd/auch
dz kein widerwertigs bey dem anderẽ
ſtande/ja was artzney ſeyend/von dẽ
vnartzneyiſchen kommen/als die ſcheí
dung Ambræ von Aſſafœtida/die ſcheis
dung zuckers von ſaltz/ auch die ſchei-
dung mellis vonn der amariſſa/deß ſüſs
ſen vom bittern/welche alle in eim cor
pus leib geſtanden ſind/durch die ſepa
ratz ſcheidung dermaſſen verordnet.
So müſſend jhr mir die Philoſophey
bleiben laſſen/das kalt vnnd warms
waſſer in eim corpus geſtanden ſey/vñ
ſo jr aber nicht wolten zůlaſſenn/die
ſcheidung der werme von der kelte/ſo
müſſet jhr mir aber nachlaſſen die ſchi
dung der tugend/der krafft/ der artz-
ney/der widerwertigkeit deß andren/
B iij die

die hindrung deß andern/ deß schadēs.
so sie beide gegen einander haben/ jrs
giffts halben/etc. Darauß die vrsach
entsprungen ist/ gleich so wol von nöt
ten zusein züscheiden dise wasser/ als
Son vnd Mon von einander. Jr wis
set das im wasser kein krafft ist/aber
in den bäderen: Solt nun die krafft d
bederen in dem kalten wasser blibenn
sein/ so betrachtet was ellenden was
sers wir hetten müssen trincken vnd es
sen/ wir hetten müssen die alun wasser
saltz vnnd schwäfel trincken / etc. Da
rum̄ ist solche scheidung geschehen/da
mit das/ so wir teglich trincken on sol
lich gifft entspringe/ vn̄ das so gesund
ist in ein besonder ort gethan/ dem d
sein notürfftig ist.also ist das kalt was
ser one dergleichen scharpffe vnd resse
tugend vnd krafft bleiben/ dan darzu
viech vnd leuten/ graß vnd beum̄en/
vnd wie es jm güt ist/ ist es in diser ge
stalt am besten: Hierum̄ auch also sein
weg gericht/ vnd das warm auch also
sein weg gericht/ dermaß bestettiget
zü beiden seiten bleiben.

Der erſt Tractat
Das fünfft Capitel.

VNd ſo die Sophiſten der Philoſophey nicht wolten oder möchten ein benügen haben / ſonder jrem brauch nach mehr zůwiſſen begeren / vnd die vorangezeigte vrſach zůring ſchetztē zůſein / ſo nemet doch das an / jhr ſehend das in einem jettlichen element als in der erden / im waſſer / im lufft / im feur / vberal kalts vñ warms geſcheiden iſt worden: Nemlich ſecht in der erden an / wie Brennkraut vnd Nachtſchatt voneinander geſcheiden ſeien / wie Alrun vñ Muſchatblůt / wie Euforbium vnnd Camphora / vnd derer ein groſſe zall mehr. Alſo auch im waſſer ſeine gewechs vnderſcheiden ſinde mit dieſen zweien weſen / als gold vnd bley / Corallen / Carabe vñ ander mehr. Dergleichē auch jm firmamēt die Sō von Mon / die Son vō Saturne. Nů ſehet da wie Weit ſichs außſtrecken wirt / ſo euch einn ſollichs fürgelegts auff dz end ſolt fürgehalten werden. Darauff mercken / ſo heiß die Son / ſo

B ij kalt

Badenfart Büchlin.

kalt d'Saturnus/vnnd sind doch von
eim hie. Vber das alles so erkennend
wie groß die scheidung sey der druckne
vnd nesse von einander/wie naß das
wasser/wie drucken die stein. Zů dem
wie mencherley scheidung in anderen
gemeinen stucken sind/also auß der sel
bigen krafft die warmen wasser vnnd
kalten jr vrsachen rationes haben. Der
massen auch wie hert vnnd weich/wie
weiß vnd schwartz/vnnd dergleichen
vil mehr in eim exempel gezogen mögē
werden/disen grund der warmen bed
züuersthen gibt. Darauff merckent dz
jr solche art vnnd wesen der separation
zulegen/auß dem corpus temperatum/
mäsigtem leib in massen wie
angezeit vnd bericht
ist.

Der ander vñ fürtreffenlich Tractat Doctoris Theoprasti, von den Bädern.
Das erst Capitel.

Iewol ich das nachfolgend vber das / so obē angezeigt ist / durch genůgsam rationes haltē vnd beybringen mag / das auch in andern weg nebē dem wie angezeit ist / warm Wasser entspringen mögen / auß dem Kaltem also transmutiert / mit dem vnderscheid vorbehalten / das die vorgemelt anzeigung vonn fixis thermis tractiert / bed so für vnnd für Warm im lauf sind / handlet. Weiter aber võ den gemachten / vnd das in den weg. Es ist offentlich das einn jetlicher kalch das wasser heiß machet / so vber in gegossen wird / wie nun der natur müglich ist / durch verbrunnen mineralia sollichs zumachen / also sindt auch warme Wasser / so auß dem kalch d' erden / denn wir nicht
sehen

sehen mögen/ein solche hitz empfahen.

Ab disem kalch soll sich kein Philosophus verwundern/dann die wunderwerck in den bergen sind also groß vñ treffenlich/als die auff d' erden: Dann wo souiel mineralia ligen von Kakinijs/ Margazichē/Thalck/Plumusis/ɿc.nicht müglich ist/das sy on kalch zerghenn mögē durch jr eigen natur vñ krafft/ warumm solten dann die wasser/die da durch lauffen/nicht kalch mässig werden: wo nun solche kalch vnd mineralia ligen/vnd ein heimlicher wassergāg/ der ann den tag begert/durch solliche regiones lauffen müste/so muß er sich vereinigen mit disen mineralibus/vnd muß empfahen die hitz vñ art der selbigen dennach an den tag/vnnd behalt also sein hitz die er inwendig empfangen hat/wiewol offtmals ein sollicher gewermbter cataract/wassergang/so weit zulauffen het/das er möchte erkalten/oder deß halbentheils mehr od' weniger/wie es sich begebe/auß dem offtmals entspringt/dz die wasser so
heiß

Der erst Tractat

heiß nicht kommen/als heiß sy geborn
werden/od etwan der kalch wenig ist/
nicht sehr starck/darauß dan die beder
eins heisser vnd kelter/ dan das ander
geht. Dise beder empfahen die art deß
kalchs an sich/ etwan auß der Magne
tischen art/etwan vom Aspalto/etwā
vom Carabe deß schwartzē/ etwan vō
der sulphurischen art/der verbrēnt ist
von jm selbs/welcherley gattung das
selbig ist/ also hanngt einn entlenete
krafft jm selbigen wasser.

Das ander Capitel

Ermassen auch ander vrsprüng
etlicher beds sind/die da nicht auß
bemelten vrsachen entspringen/
sonders auß einem andren gewalt wie
jr dan sehend die feurberg/ kolberg/
welche die Aetnische art ann jnen ha-
ben/ die auff der erden sind vnd bren-
nen/ vnd ist doch jr corpus allein stein
vnnd erdtrich/ mögend von kein rä-
gen noch wasser erlöscht werden. Der
massen auch wie ausserthalb sollichs
miracul beschicht/also auch iñerthalb
der

der erden/ als wol als haussen/ sollich
brünnende art vñ naturen sind: Dañ
die ausseren nemen den vrsprüg nicht
von aussen an/ sond auß dem Centro
der erden/das ist auß dem mittel/einẽ
streimen oder gang nach/biß an denn
tag/wie dan der mineralia ordnung in
halt/vnnd von dem lufft/ so durch die
poros terreghet/vnnd kreck/auch geng
der erden/sein brünnende krafft behal
ten. So nun durch ein sollich feür/ oð
in seiner regiõ/ ein wasser cataracten
oder mehr durchgiengẽ/ gleich so wol
als so es in eim kessel wer/siedẽ müste/
dieweil doch sollich feür vonn wasser
nit mag erlöscht werdẽ:dergleichen vr
sach vñ anzeigung last euch meßig sein
in der Philosophey anzunemen/ auch
die art deß wassers/ so auß solchen ko-
len vnd dergleichen eingebildet wird/
vnd also von disem Aethna seinen ge-
wonlichenn ganng nach gehet/ biß es
kumpt auff die planicies der erden.
Sich begibt auch vil/das in sollichenn
cataract ander kalte wasser in lauffen
vnd

Der ander Tractat.

vnd sey erkelten ehe sy an den tag kom
men. Jren lauffend vil in das Meer/
vnd in andere fliessende wasser/da sie
weder gespurt/noch erkennt mögenn
werden/etwan nun ein gleichnuß von
einem tampf oder dergleichen gesehen
wirdt/wo auch solcher in fall geschicht
vom frembdem wasser/vnd obs schon
in der werme bleibend/so schwechenn
sy die krafft vnd tugend gleich so wol/
als der abgang der werme: Es ent-
springen offtmals brunnen in der hö-
he der bergen/oder thåleren/da keinn
schnee oder gefrüst statt mag haben/
auß vorangesagter vrsach.

Das dritt Capitel.

Derhalben vil weg vn̄ vrsach war-
mer beder/dann ein theil komen
auß den resoluierten mineralibus
auß welchen composirten dein werme
entspringt. Dessen wir sehen ein gleich
nuß/das die wirckung der aquarum re
gum/die da kalt sind/so bald sie zusa-
men gegossen werden/ein gewaltigen
sudt haben/Sollichs vrsachen die con
trariæ

trariæ coniunctiones widerige vermischung/Nemlich/als euch wissend ist/dz der spiritus vitrioli/der an jhm selber kalt ist/so er in ein kalt wasser geschüt wird/das selbig siedend heiß macht. So nun sollichs von aussen an müglich ist/so wissend auch das in den Elementen ein grössere müglichkeit ist: Dan auß jnen ghet prima materia/inn deren sollich krafft vñ macht ist/nicht allein in vitriolo/sond auch in andern. Auff das wissend/das gleich so wol/wie die spiritus vitrioli sind/von andern salibus/saltzen/vnnd andren mineralischen dingẽ ein solliche coniunct/zamẽ mischung/begegnen mag/vnd zulauffende wasser tingiert/in hitz vñ in den krefften/mit täglichem lauffen. So ist vber das alles ein anndere vrsach/die zü vil warmen wasseren vrsacht/das vil mineralia sind/die vom safft angezündt werden/vnnd erwermen auch die wasser so in jren regionibus ligen/solchs vrsacht am meisten die nitrischen salia/vñ dergleichen auch auß andern

dern liquoribus metallorum / auß welchen müglich ist / gleich so wol ausserthalb / solcher operation / kalt Wasser zu wermen on holtz oder feur: Dann die art ist / so bald sie ein widerwertigs empfinden / in das brennen gehn / also dermassen wie auß den bemelten dreien Elementen gemacht / warme wasser entspringen mögen / gleicher maß durch das Element feur / ein influentz beschehē mag / die nicht zuwiderreden ist: solcher bäder art ist / das sie etlichs theil im jar lauffen / etlich theils nicht / dann diese operationes solcher tincturen / werden nach der zeit digeriert / vnd bleiben nach der selbigen zeit / darauß volgt nun / wann dieselbig zeit / verlauffen ist / so ist auch das bad verlauffen / vnnd so sie wider kompt / so kompt dz selbig bad wider. Es begibt sich vilmalen / das also die bäder kalt werden / vrsachet die tinctur / die dem kalten cataracten entgangen ist / darumb er kalt geht / biß die vor bemelte digest wider kompt.

¶ Das

Badenfart Büchlein
Das Vierdt Capitel.

SO wissend nun ein gemeine regel das der warmen Wasser mehr sind / dann wir erfaren mögen / dañ auß dem entspringt / das die meer vnd wasser nit erfriren mögen / auch im gefrieren kein bestand haben: dañ wo solche werme solcher wasseren nit were / so wurd der Saturnus vnd der Boreas alles das Erfrieren / so das Erdrich võ wasser innhielt. Die Soñ vnd der Sommer möchtẽ nicht starck genug sein / die gefrüst wider zu soluieren / die beschehen wurd wo solche werme im wasser nicht wer / Dann hie ist die vrsach der schneeberg / da die schne nimmer abgehn / nimpt sich auß dem / das die warmen Wasser so hoch nicht steigen / oder was so hoch steigt erkaltet / biß es auff die planitiem / fleche / d erden kompt / zu dem / das durch die felsen vnnd stein der cataracten / wasser geng brauch zugehn nicht viel ist. So sie nun sollichs gerathen müssen / so ist der Sommer vnnd die Sonn für sich
selbst

Der ander Tractat.

selbst nit gewaltig genug disen schnee/ wo nicht warm wasser cataracten vnder ligen/hinweg zutreiben/dañ von vnden auff auß der erden muß die werme gehn/die der Sonnen helff die kelte zuuertreiben. Darauff so merckent das die warmen wasser in der erdkuglen ligen/gleich wie die beum auff der erden/vnnd wie ein baum von seinem samen wachst hinauff in den lufft/also geht auß dem Centro der erden/der samen/darauß wachssen die cataracten/das sind die wassergeng/vnd theilen sich auß in die Est/so weit das Erdrich ghet an tag. Dañ was in oder ob der erden ist/muß alles dem Himmel zu. Also bringt der baum auch mit seinen Esten durch die Erden/dadurch kompt dẽ Erdrich die werme in alle regiones/wo dann solche werme nit hinkommen mag/durch gebresten der cataracten/da sind keine sommer in den selbigen Landen/vnd begibt sich manigmal/das solcher wassergengen ein abschneiden geschicht/als so einer ei-

C ij nem

Badenfart Büchlein

nem baum ein aſt abheuwe/ ſolchs beſchicht durch den erdbidem/ oder verfallen der cataracten.

Von Wildbäderen der dritt Tractat.

Das erſt Capitel.

Vn̄ weiter von den Termis zuredē/ gebüret ſich in den weg/ das jhr jetzund wiſſent die materi am thermarum/ materi warmer bädern/ was das ſelbig ſey/ ſo wiſſet fürthin vonn den thermis/ das ſie ſind ein reſoluiert Miner auß dem corpus/ das gleich meſſig ſtehet neben dem Alumen/ vitriol/ vnd ſaltz/ vnd doch daſſelbig nicht iſt. Hierauff iſt zu wiſſen/ das dieſelbigen thermæ ſich nicht ſcheiden in jren krefften/ auch mit nichten/ ſie haben an jenē kein zufallende art/ wie die andern proceß der bäderen innhalten/ dann ſie ſtehn frey vnd ledig in jren generationibus/ zu gleicherweiß als wenig ein mar-

Der dritt Tractat.

marmel befleckt mag werden vom Alabaster/oder ein quittē võ ein maulberbaum/also wenig gehn andere virtutes in diese art/wiewol sie durch lauffen mögen durch die mineralia vnd dergleichen/jedoch so werden sie in kein weg verendert.

Das ander Capitel.

Vn sind weiter andere gschlecht der beder/in welchen ein andere art ist/weder in gemelten/so auß der separation geboren werden. Wiewol sie entlebnete krafft haben/ist nicht destoweniger die tugend vnd art grösser als in den vorbemelten/vn̄ solchs beschicht in den weg/So die sieben mineralia ligen in primis tribus/ersten dreien/vnd werden in denselbigē corrumpiert/verböseret/also das sie in iren effectum/würckung nicht kommē mögen/so als dann die frembden cataractē/es wer durch die poros/od durch ander meatus/durchgeng/ein durchbruch machten eines frembden wassers/so mischt sich die krafft der bemel-

een metallen in ein vereinigung/auß
diesem volgt/das die tugend/krafft/
vnd eigenschafft der selbigē primarum
trium/volkommen in ein wasser sind/
darumā es sich vergleicht dem selbigen
metall/dadurch es laufft/vnd die art
vn̄ natur empfacht. Hierauff so merck
das viel bäder sind/die da dem auſſatz
vnd der morphea dienſtlich erſchieſſen/
vnnd denſelbigen ſpeciebus/auß vrſa-
chen/das in jhnen iſt die prima materia
trium/wie angezeigt worden/darinn
iſt auch die krafft deß widerbringens
der contractur/geſpanen vnd zuſam-
men gezogne glider/der groſſen hypo-
ſarcha/vnd den Kranckheiten ſo in ma
trice vberwunden haben/vnd den an-
dren ſo auß der ſtreckung komen ſind
in die ſchweche. Auch ſind etliche bä-
der/ſo deß ſilbers primam materiam tri
um in jhn haben/dienſtlich den rouben
vnnd Wütenden/ſchedlich aber den
Kranckheiten ſo die glieder berüten.
Weiter die ſo auß mercurio entſprin-
gen/in maſſen wie angezeigt iſt/alopi
ciam

Der dritt Tractat.

ctam/haaraußfallen/vnd morpheam/ flåcken/pruritum/beißigkeit/vnnd die vlcera communia/gemeine geschwer/ heilen/nach dem vnd sie in sale metallorum vberflüssig stehn. Nachuolgend in den kranckheiten febrium vnd putrefactionum/deß frerers vnnd feule. Beder auß dem Eißen entspringē wunderbarlicher heilung sind. Demnach auß venere ein kupfferischer art außgeht/ die sich den floribus æris vergleicht/zu reinigen vnd seuberen die offnen scheden deß leibs/vnnd zu purgieren den longaonem. Auch andere båder so auß der prima materia Iouis/ersten Marte deß zinnes/entspringen/welche die art haben die Aestiomenischen vnd Cancrenischen/hitzigen vmb sich freßende scheden/zuheilen. Nachfolgend auß dem Saturno Bleybåder entspringen/die da in das lang leben dienen/ solcher båder art vnd eigenschafft/lob ich zuerkennen vnnd wißen an einem artzet/darinn nicht allein die Medicin sonders übet die Philosophey/so ei-

C iiij nen

nem artzet gebüren ist/ gründtlich ver-
fasset wirt.

Das dritt Capitel

Vber die alle sind andere Bäder/
die auß den liquoribus gemmarum
safft vnd feuchte edler gestein/o-
der durch sie ein vrsprung nemen/ als
sind diese bäder/ die da haben schma-
ragdischen safft/ dieselbigen bäder ge-
dulden in jnen kein verbringen der vn-
keuscheit/ on tödlichen schaden. Dann
wie der Schmaragd an jhm selbst sol-
che tugend nicht gestattet on sein eig-
nen schaden/ also herwiderumb/ ge-
duldet sein bad an den jenigen ein sol-
lichs on schaden auch nicht. Derglei-
chen sind bäder die da haben Saphiri-
sche art/ welche pestilentz vnd brennen-
de rauch/ pestem vnd antracem ledigē/
vnnd zu demselbigen von wegen deß/
das sie deß liquors saffts haben saphiri/
den auffatz bedecken/ tineam/ leoninam
bletterli gesprengte flecken deß Leibs
vnd fressende rauden/ ja was der an-
hangenden species sind. Vnd dermaß-
sen

Der dritt Tractat.

ſen ſind bäder vnd waſſer/die da vom Carniol reſoluiert werden/die heilen vnnd ſtellen das profluuium/außflieſſung blutes/die hert diſſenteriam/rote rur/hæmoptyſin/blutſpewung/vñ ein jetlich bluten der wunden/oder anderen. Alſo ſind waſſer in dem mehr auß d Coraliſchen art/hergegen auch auß der Carabiſchen art/die der Corallen vnd der Caraben virtutes krefft behalten/vñ ſouiel ſind ſolcher bäder/ als der gemmarum/Edel geſtein ſind/ die zuerzelē noturfft nicht erfordern/ ſonders in dē tugenden erfunden werden.

Das vierdt Capitel.

Ja es ſind andere etliche Waſſer/ auß denē die pärlein geboren werden/auch die ſchneckenſchalen vñ ſchifflein/der ſelbigen art iſt ſonderlich die apoſtemata/der panericium/vñ was dergleichen auch æſtiomena vlcera von brennender/vmb ſich reiſſende geſchwer/ſind zu glutinieren/zuſammen fügen/Item/die tineas vnd ſellas zu cu-
C v rieren

Badenfart Büchlein

eieren/heilen/auch was auß der sperma/samen/entspringt zu mitigieren/milteren/zu erbesseren vnnd mehren die milch mamillarum/einem euter/zu preseruieren der cancrum/krabs/die hemorroides/guldinader/sonderlichen denen so da gegicht/krampffsüchtig/oder starhelsig sind/denen so paralisis/der tropff vnd kleine schlag/angangē wer: wan solche wasser haben d̄ perlein art in jnē der gstalt/dz die margaritē auß jnē entspringen/vn̄ sie nit auß dē margaritē pärlein/darumb in diesem weg dem wasser die virtutes sollē zugelegt werden mehr als dē margariten selbst

Das fünfft Capitel.

Och sind viel gemein Brunnen/die da die art an jnen haben der beumen/schwammen/boleten/kreuter/ꝛc. Der gegne region deß felds oder bergs/darauß sie fliessen vnd entspringen/vnnd ist die vrsach/das da ein vereinigung ist in der resolution/der selbigen gewechs/ein theil in die generaten/die andern in ein resolution,

auß welcher/hindan gescheiden resolu
to liquore/ein brunnen wird/eins ent
springens/zunemens/vnd abnemens
mit dem selbigen gewechs/vnnd nicht
von den cataracten/wie ich vormals ge
meldt hab/sonder diese brunnen sind
ein gewechs gleich dem selbigen ge-
wechs/so in ihrer region/steht/behal-
ten der selbigen kreuter/beumen/etc.
krafft/tugend/vnd eigenschafft. Die-
rauß nimpt sich die natur vngulæ capal-
linæ/deß krauts hublattich/das etlich
bäder der selbigen gleich ihr efficacias/
krefft vnd eigenschafft/erzeigen/etli-
che der Mandragora vnd Iusquiamo bil-
sem altraun gleich/vnd sind solcher art
das sie den eingesetzten zu vonn stund
an in den schlaaff bringen/etlich die
da feindelich feißt machen auß der art
mucilaginis vnnd visci bitumnosi/hel-
lens scheimerigens zehen leims/so auß
dem selbigen gewechs in dieser region
zu falt/also mit allen andern kreutern
art vñ eigenschafft/zu diesem habens
solche art vnnd tugend/das sie die hi-
vrti-

Badenfart Büchlein.

vrticæ/neßlen/an jm haben/auch kelte Mandragoræ vnd opij dadurch sie paralysim/gesücht/vnd ciaticam heilen.

Das sechst Capitel.

Jch begeben auch etliche waffer vnd brunnen an den orten da die leut wonen mit grossen krefften/ die entspringen in der gestalt/das die salia so von den leuten oder viech gehn in die erden/als wenn das viech in ein stal harnt/vnd der boden mit wasser flüssen anzügig ist/als dañ kompt die salsedo stercoris vnnd vrinæ/gesaltzene natur drecks vnd deß seichs/in dieselbig gesamlete art deß waffers/darinn es sich salnitriert/so als dañ ein sollich waffer/das dē salniter/salpeter/gleich meßsig ist/in ein tumpff oder galgbrũnen verfaßt wirt/salnitrische art an sich nimpt vñ behalt/macht auß schlahen/vrsach/er frißt die haut auff/vnd die art so sal vrinæ/ deß harns saltz/es seic deß Menschen oder deß viechs/an jn hat/in solchen brunnen oder waffern grundtlich erfunden werden.

Das

Der dritt Tractat.

Das sibendt Capitel.

SJch begebē auch mencherley waſſer von den thieren vñ viſchen/ als die Tümpff/ da ſolch würm vnd viſch teglich in ligen/ ſolche waſſer zu Baden zügebrauchen/ ſind der natur widerwertig/ auß vrſachen/dz ſie vonn ihrer vergifftigkeit wegen ein erbliche rud vnd kretze machen. Auch denen ſo darauß trincken / rudig vnd kretzig müſſen ſein/wo alſo ſolche faule waſſer vñ ſolche viſchwaſſer/vñ der würmē/ein region einfaſſen/was ſich deß gebraucht/ der ruden vnnd kretze vnderworffen ſein muß.

Das acht Capitel.

ALſo ſind auch etliche beſonder brunnen/die da ein krafft empfahen võ den miſtheuffen/von den geſeulten ſtrohelmern auff dem feldt oder graß/von den dannreyſen oder blettern der beumen/wie dann derſelbigen region außſchüttung iſt / nach art derſelbigen materien zu vrtheilen einem Artzet züſteht nach einhaltung
der

Badenfart Büchlein

der experientz. Die art/wesen/natur
vnd eigenschafft solcher Wasser sind
mancherley/darumb einem artzet zu
gebürt Philosophiam darzu tracticren
vnd die experientz der tugend auß täg
licher vbung zu volfüren/durch jhne
oder durch die so inwoner an solchen
stetten mit gutem verstand sind/vnd
wil des alles den rechten wolergründ-
ten Artzeten/den kern vñ grund/war
mer vnd kalter bäder vnd ander artz
neyischen wassern/zu vrtheilen beuol-
hen haben.

Der vierdte Tractat von den bäderen.
Das erst Capitel.

Ber das alles so laufft
ein anfallende krafft/
die den gustū/gschmack
berürt/also das ettlich
thermæ sind/die da sau-
re vnnd süsse in jhnen tragen/dieselbi-
gen so von grund auß deß vrsprungs
solcher art sind/auß dem vitriol ent-
sprin

Der vierdt Tractat.

springen/in der gestalt/wo sich der selbig auß seiner prima materia resoluiert/ ersten materi endsünderet/die sauren wasser gibt. Dergleichen auch wie die gröst süsse in jm ligt/seiner art halben süsse wasser hingegen gibt/wiewol es sich etwan begibt/das ettlich saure Wasser möchten erfunden werden/ doch nicht auß dieser art/solchs probiert das end/so auff den grund der bäderen gehört. Dann also entspringen auch die salia/welche ich auff diß mal wil ruwen lassen/das ist von den saltzbrunnen/vnnd saltzbirgen/sonder hie allein alle art vnd eigenschafft der sauren wassern wie sie in Europa/oder andern landen begegnen/auß den liquoribus/säfften/vitrioli den vrsprung setzen/darum jnen zugelegt sol werden die tugend vitrioli/das ist zuheilen alle serpigenes/cicatrices/alopiciam/vnd noli me tangere/darbey auch einjetlichs geschlecht/so da auß-brech/ wie dann die eruginege schrieben sthet.

Das

Badenfart Büchlein.
Das ander Capitel.

Uch sind etliche wasser/die sich d̄ gleichen dē gewalt der metallen/ als die so da auß dē vitriol gehn/ zūerwandlen haben ein jettlich Eysen zu Kupffer/ auch ander Wasser so auß dem sal gemmæ gehn/ ein jetlichs coaguliert holtz zu steinen machen/vnd ander wasser mit mancherley tugenden vnd art/die da herten das Eisen/ ander die da den stahel weichen/ etliche die da frücht coagulieren/ vnd solcher art viel/dieweil sie aber der Medicin hie/darumm ich die bäder beschreib nicht genoß sind / noch dienstlich den krancheiten/ wil ichs hie an diesem ort außlassen vnnd der Philosophey befelhen.

Theo=

Teophrasti Paracelsi der fünffte Tractat von erkennung der natur aller Bädern.

Das erst Capitel.

So wir nun wöllen erkennen die Tugend vnd art der bäder/zu wissen was für miner dieselbigen inn halten/ so müssen die selben art genommen werden vonn den krefften vnd proben/so sie thun vnnd verbringen/in dem so sie die kranckheiten viel oder wenig/gar oder etlichs theils gesund machen/es mag auch da kein andere prob auff die bäder erfunden werden/dann wie gemelt ist/wie wol sich offtmals begibt/das der geschmack sulphurisch / geschwebelt ist/ vñ etwan ein weissen schwebel mit jm treit/oder dergleichen andre mineralia so ist das datum dem selbigen nit nach züurtheilen/dañ wie die schwebel her kom-

Badenfart Büchlin.

kommen/ist vormals angezeigt/vnd berürt die krafft deß bads gar nicht/ das ist/seine virtutes darauß zunemmen oder zuurtheilen. Aller bäder art vnnd welcherley sie sind in der materia vnd eigenschafft/nemmen jr erkanntnuß gleich den beumen/dañ wer wolt dieselbigen kennen/so sie kein frucht trügend? Aber auß jhren früchten/erkennt man die art/eigenschafft vnnd was dasselbig für ein baum ist. Also ein jetliches ding das in der natur ist/ auß seinen früchten in die erkanntnuß gebracht sol werden.

Das ander Capitel

Jeweil nun auß den früchten dz genus/art vnd geschlecht/der bäderen erkennt sol werden/so beschicht solchs auß der wirckung/so sie in den kranckheiten verbringen: Dañ etliche bäder bringen paralisin vnd die paralitices/so d́ minder schlag gerürt auff dieselbigē sind auß dem Mercurio Solis/goldes geboren. Etlich nemmen ktericiam/gelsucht hine/die sind auß dem

Der fünfft Tractat

dem mercurio/ Quecksilber/ veneris/ kupffers geboren/ etliche heilen die löcher vnnd offne schäden zu/ dieselbigen sind auß dē mercurio argenti viui/ geist deß quecksilbers entsprungen/ꝛc. Etliche heilen die febres/ diese komen auß den spiritibus salis/ etliche halten das widerspiel/ krencken vnnd verderben/ auß vrsach/ dz die concordantz menschlich natur oder kranckheit/ vnd beider eigenschafft/ einander zu wider sind/ vnd compositio nicht gerecht ist: Dann es ist gleich ein wirckung in jnen/ die in der concordantz gegen den kranckheiten stehn muß/ wie ander medicamina erforderen. Auß dieser wirckung volgen nun/ souil vnd mancherley species der mineralia souil vnd mancherley tugenden der wasser sind. Hierauff so volgt nun/ das ein Artzet sol aller mineralium krafft vnnd eigenschafft/ erkennē/ als dañ so weist er was simplex in dem bad predominiert/ vbertrifft/ zwey gleiche als dann zusammen vergleichet.

D ij Das

Badenfart Büchlein
Das dritt Capitel.

Wiewol das ist/ das auß vielerley menschen vielerley eigenschafften erkennt werden / als inn den Vlceribus/ geschweren / da hunderterley Menschen inn einerley vlcerones/ seuche vnnd feulung ligen / darunter fünfftzig genäsen/ die andern verderben: In solchen wirckungen operationibus/ sol der Artzet sein iudicium vnd erkanntnuß haben / welche Natur der menschen zur heilung geschickt sey od nicht/ vnd ob die zeit der heilung gegēwertig stand/ wann auß solchem vbersehen/ werden die Menschen verfürt/ vnd die wirckung der natürlichen bädern veracht / Dann wie jr sehet/das ♂ mercurius corporis wunderberlich heilet die frantzosen/ die offnē scheden die zittrachten/ꝛc. So nun die zeit vnd art der kranckheit vbersehen wirt/ so verderbt er gleich souiel als er gut macht. Auch sehen jr das serpentina/ wunderrud/ die wunden heilet/ vnnd doch nit all. Jr sehet das materia Berlata phrene

sim

Der fünfft Tractat.

sinn/monwitz vnd vnsinnigkeit stillet/ doch nicht allein. Darauff in solchen dingen/zu obseruieren ist die Theoric/ auß welcher die concordantz vnd das compositum entspringt/damit widerwertige ding nicht zusamen reichen/ also im beschluß zu reden/sollen auß den früchten/das ist/auß den gesundt machenden Kranckheiten/die Beum der bäder/ das ist/ die art der Bäder erkennt werden/vnd in allweg praxim vnd theoricam obseruieren/Verstande vnd erfarenheit erwegen werden/als wann es ein sondere profeß vnd facultas. were/gleich den andern/wann in den wassern sind alle die virtutes/tugēden/so kreuter vnd stein geben.

Das vierdt Capitel.

Anfencklich so betracht die Zeichen der Bäder in den weg/das erst/das sie zum außschlahen vrsachen/sollichs aber ist zu keiner tugend züuergleichen/dann es ist dasselbig saltz/das im pulmoso/federweiß/ vnd in der urtica/nessel/ligt. Sollich

D iij auff

auff freſſen / das außſchlahen genennt
wird mit böſem teutſchen / iſt dem bad
kein lob / ſonder auß der corroſiuiſchen
art heilt auch ſich ſelber wider zu / auß
vrſachen / es rodiert / öffnet / frißt auff
ein mal / dieweil haut vnd fleiſch nach
grüen iſt vnnd ſeltzam / vnd ſo bald es
die grüene verleurt / ſo gehet es wider
zu. Darauff merck das ein ſollichs ge-
truncken waſſer inwendigen im leib /
on ſollich außſchlahen nicht fürgehe /
wiewol ſo hefftig nicht / vrſachet der in-
wendig Balſam. Aber viel / die auß ſol-
chem außſchlahen kranckheit auß dem
bad bringen / welche biß in den tod ver-
harren muß. Durch ſolch außſchlahen
begibt ſich vilmalen / das apperitiones
etwan oppilationes / öffnungen deß ge-
äders vnd andere glieder / etwan ver-
ſtopffung der geng beſchehen / vnnd
viel ander kranckheiten. Darumb diſe
art der bäder oder waſſer für keine gu-
te tugend ſoll gerechnet werden / ſon-
der für ein Corroſiuiſch auff freſſen /
ob etwan ein Tugend mitlüffe / oder
nutz-

Der fünfft Tractat.

nutzt den krancken/ dieselbig beschehe
en das außschlahen gleich als volkom
men. Darumb weiter vonn eim jetli-
chen bad sonderlich die natur vnd ei-
genschafft verstanden sol werden/wz
in eim jetlichen sonderlichen für krefft
vnd tugend sind/vber die gemeine art
wie oben angezeigt ist.

Das fünfft Capitel.

ZV einer mehreren vnnd besseren
vnderrichtung/ die art der Bäder
zůerkennen/ so wisset wie dreierley
ding sindt auß denē alle arzney gehn/
auß dē mercurio sulphure/vn sale. queck
silber/ schwebel vnd saltz: Diese drey
nun theilen sich auß in ihre species/ar-
ten / darumb auch dreierley kranck-
heit sind / vnd auch getheilt in jre speci
es/ es sind morbi merculiares, sulphurei/
salis, kranckheiten so auß mercurio jren
vrsprung/ dañ andere vom schwebel/
vnd dann auch vom saltz/auß dem vol
get nun / was bäder der Mercuriali-
schen art sindt/den selbigen kranckhei
ten sollen zugeleit werden/ dergleichē

D iiij

mit dem andren. Derhalben was vlceriert ist/ scharpff vnd geschwerig/das muß durch den mercurium geheilt werden/was in visco/zäh im fleisch stehet/ durch salem. Also was in igne feurischer art stehet/ durch dē sulphur. Wie nun die species mancherley sind/ so volgen auch mancherley bäder darauß/ Ein mercurius curiert vlcera apostematum eiterechte geschwer/ein andrer æstiomena/ brennende wietende/rc. Also auch in salibus/ Ein theil salis nimpt alopiciam hin/ die haar fliessung/ Ein andrer pruritum beissigkeit/ Ein andrer scabiem/ ruden. Nicht anders verstehe vom sulphure. Dann einer extinguiert ignem persicum/ der ander ictericiam/ gelsucht/ etlicher febres/ vnd dergleichen andre species geschlecht. Also herwiderumb/ was lepram mundiert/ außsatz reiniget/ auß dem sulphur antimonij/ schwebel vom Spießglas entspringt/was hydropósim/wassersucht auß dem sal gemmæ/ vñ alumine rocho. In solchen aber allen zu procedieren ge-

Der fünfft Tractat.

gehört die erkanntnuß herzu/die vormals gemelt ist aller simplicium so auß serthalb den bäderen wachsen/vnnd vorbehaltē die vnderscheid/welche bāder auß d̔ composition in die hitz gehn auß dem composito in die seure/ɾc. welche auß der nitrischen art entspringen/dergleichen welche auß denselben liquoribus/feuchtigkeiten/deß Lands erwachsen/auch was da erdelet auß dem selbigen bodē/darumb wie nachvolgende bäder specificiert/ein jetliche eigenschafft von der andern specificiert/gesündert vnd erkannt sol werden.

Das sechst Capitel.

Hierauff so volgt ein gemeine ordnung in speiß vnd tranck/dienet auff alle bäder oder kranckheiten in der gestalt/das die regimina geordnet werden nach inhalt einer jetlichen kranckheit in sonderheit/vnnd in der massen gericht werden/das deß bads eigenschafft vnnd die diet zusammen stimmen/als d̔ie Artsenischen Bäder

D v die

die verbringen jre wirckung nicht als
allein durch die abstinentz enthaltung
von vberigem essen vnd trincken/wel=
che da auch soll gehalten werden / die
göldischen Bäder / die verbringen jhr
wirckung durch confortieren/stercken
de krafft/ darumb das best vonn essen
vnnd trincken geordnet soll werden/
vnd das mehrst so darin zubetrachten
ist/ soll sein in den Mucilaginosischen
säfftigen córpern/ da der viscus schlei=
mische zähe vbertrifft / als podagra/
flüß/vnd dergleichen/ mit grosser ab=
stinentz gehaltē/wo aber solche kranck
heiten auß solcher viscositet nicht we=
ren/mit aller völle in essen vnd trinckē
baden sollen. Dermassen mit der zeit
zu baden auß den gradibus mineralium
genommen sol werden / wie dieselbigē
wöllen/ viel oder wenig appliciert ge=
braucht sein / je dermassen gleiche re=
gel zuhalten. Das ist aber das höchst
in den bäderen/so sie der kranckheit ge
waltig sind / weder Abstinentz nach
stund betracht sol werden/wo sie aber

Der fünfft Tractat.

solcher stercke manglen/ so gibt das diet vñ ordnung ein steur der besserũg/ aber keiner heilung: Dann die heilung muß auß dem bad gehn/ darumb am meisten acht zuhaben ist/ den rechten brunnen deß bads zutreffen.

Das siebendt Capitel.

ES ist auch das höchst an einem artzet/ der die krancken in die bäder schickt anfenglich zuwissen/ ob derselbig krāck in keinerley weg durch andre artzney möchte geheilet werdē/ welche Erkanntnuß treffenlich vnnd größ ist/ wiewol gewonter brauch also ist/ So ein artzet an eim franckē verzweiflet oder besorgt ein Zukünfftig bösers/ das ein solchen in ein bad gerathē wird/ zu einer entschuldigung/ darneben sind jren viel so lusts halben die Bäder brauchen/ vonsolchen mag ich hie kein meinung/ aber in heilung 8 Kranckheiten/ den selbigen zu nutz/ sol also der proceß vnnd ordnung beschehen. Anfenglich wisset/ das den bedern etlichs theils in krefften abgeht/ vnd

Baden fart Büchlein

vnnd sich nicht gleich reimpt auff die
Kranckheit dahin sie verordnet sind/
darumb so muß da ein Compositum/
hinzuthuung eins zusatzes sein/damit
es volkommen werd/dañ jr sehet außserthalb in der natur wie manichmal
die Correctiones beschehen müssen/gleichermaß hie in dē bädern in ō gestalt/
so für paralysim gebadet sol werden/
so muß das bad mit paralitischer artzney gebessert werden/also in hidropofi
mit der selbigen artzney/rc. Vnnd nit
alles zusammen in einen kasten gesefsen/sechzehenerley kranckheiten miteinander züuertreiben vnderstehn/
sonder einem jetlichen ordnen nach seiner bequemligkeit. Es sind warlich
vnzeitig räth/sie seien beschriben oder
gangen von mundt auß von den artzeten/das sie ein sollich pludermuß verheügen vnd rathen/ Were es in bäderen also/wie sie es meinen/so were es
auch in dē simplicibus kreutern/ Es beschicht aber in eintwederem nicht/darumb gut acht zuhaben ist/alle eigenschafft

Der sechst Tractat.

schafft zu behalten vnd zu componieren das bad / das es sich reinige gegen den Kranckheiten zu der gesundheit / vnd nicht zu der arzeten entschuldigung

Von der krafft / wirckung / vnnd eigenschafft / specificierter

besonderer bädern / auch wie jre composition zusetz geordnet müssen werden /
Der sechst Tractat.
Das erst Capitel.

Zu beschreiben ein jetlich Bad in sonderheit / was die materien der selbigē bäder seyen / auß anzeigung jrer wirckung so sie verbringende. Ist anfenglich von Pfäfers ein solche erkantnuß / das es sein werme nit nimpt auß der separation zerscheidung / sonders auß dem composito der vittriolischen mineralien auff einer seiten / demnach auß den dreien ersten / veneris / solis /
vnd

Badenfart Büchlein

vnd Saturni/Kupffers/Goldes/vnnd
Bleis/dann derhalben het es an jme
die angeboren art/Krafft/vnnd tu=
gend wie die Vitriolischen liquores/
säfft/darnach solis veneris vnd saturni
an in selber tragen. Nachuolgend so
laufft es durch dieselbigen ärtz/vnnd
am letsten durch die Eisen ärtz/ja et=
lich Alabasterstein vnuermischt ande=
rer einfallen der cataracten/auß dem
vierden theil der Erden nimpt es sein
centrum vnd durchbruch/vnd sind sei=
ne krefft also/es heilt die podagrischen
mucilagines/zähe schleimigkeit/die vis
cositates paralisis/schlipffrige materi
bringt den kleinen schlag/sterckt vnnd
bringt auff die paraliticos/denen das
gäder vnd neruam zuwesserig wordē:
so noch nit in die consumptiones schwei
nend feuchten gefallen sind/es bringt
widerumb die colicam/grimmen/auß
den glidern/vnnd treibts auß durch
den harn vnd stulgang/darumb es dē
contractis gutt ist. Es zeucht den lepro
sischen/aussetzigen die haut ab/vnnd
macht

macht jn ein grosse dürre/nachuolgēd ein neuwe beschlossene haut/darumb es etlichs theils/gleichsam heile es lepram/den außsatz/anzusehen ist/ Es heilet die ölschenckel/vnd alle corrosiuische vmbsich fressende offen schādē/wen sie vormals darzu bereit sind mit den mundificationibus/reinungen/es temperiert das menstruum/Weiber kranckheit/stelts vnnd prouocierts/bringts/es ist auch gut denē/so in langen kranckheiten gelegen sind/vnd wider anheben zu der stercke kommen/die selbigen zufürderen.

Wie nun obsthet das die bäder für sich selbst gleich wie die kreuter zuachten sein/als weñ einer beschribe die tugend Mellisse/rc. So mögends doch on ein compositum/hinzuthuung anderer mittel/zu vollkommenem ende nicht gehn/darumb welcher das bad Pfäfers in seine krefft bringen well/das es zu den bemelten Krancktheiten gutt sete/der muß wie nachuolgend sthet mit dem selbigen handlen.

Wi-

Badenfart Büchlin
Wider das Podagram
thu im also

℞ Vitrilwasser ein pfund / Salgemme ein halb pfund / auß dem Badwasser ein standen voll / Dieses vermisch zusammen / vnnd laß hierinnen baden / biß auff dē neundten tag / darnach so verenders also.

℞ Foliorum ellebori nigri
    fol. Sene   ana. ℔ ſ
    Fabarum   ana. ℔ iiij
    Lentium

Das ist / Nim der bletter vonn schwartzer nießwurtz / Senet / jetliches ein halb pfund / bonen / linsen / jedes vier pfund / las in vorbemeltem Badwasser sieden nach gemeinem brauch / vnd bad zu endt / fleiß dich auch der podagrischen purgation alle wochen ein mal zugebrauchen.

Den Paraliticis / das ist / wider den halben schlag / die lemme / machs also.

Fla

Der sechst Tractat.

℞ Flammulæ ana. m. vij
Erucæ rubeæ

Das ist / Nim brennkraut / gelen
senffs kraut / jedes sieben hand voll /
laß dz sieden/vñ darin nachuolgends
baden biß auff die halbe zeit/demnach
so verenders bad in diesen weg.

℞ Petrolei ʒ iij.
Olei philosophorum ʒ ſ.

Das ist / Nim Steinöl sechs Lot /
Philosophischen öls ein lot / des Bads
wassers ein pfund / laß durch einan
der sieden wol verdeckt / geüß es nach
uolgends inn spongias marinas/Bad
schwemm / also daß das wasser alles
in die spongias marinas kumb / das leg
in das badwasser vnd bad dorab. Der
gleichen vergiß auch nicht die conforta
tiua / sterckung vnd erquickung / so da
inwendig appliciert / braucht sollen
werden.

In der Contractur/handel
also.
℞ Serpentinæ lorgæ m. ij.
℞ Agri

Agrimoniæ ana. m. iij.
luxarteticæ

Nim der langen brackenwurtz zwo handvol/ odermennig/ je lenger je lieber/ jetlichs drey handtvol. Diese kreuter laß tag vnd nacht im wasser ligen/ vnd am dritten tag darnach laß ein sitzen/ vnnd für vnd für dorab baden/ du magst auch wol erneuwgren nach ansehen der kranckheit.

Item einem leproso/ wider sein aussatz.

Nim flamulæ/ brennkraut/ zehen handvol/ vngulæ caballinæ/ roßhůff/ fünff handtvol/ druck mit dem bemelten wasser den safft darvon/ das der sechst theil deß bads von diesen farben darin küpt/ darin laß baden/ so zeucht es ein grossen schleim vnnd wust auß/ vnd wanns die noturfft erfordert gestancks halben/ so ernewers/ vnd wan die wirckung auff hörte/ so laß ab baden in lauterem badwasser/ biß zu end der badenfart.

Der sechst Tractat.

In löchern vñ offnen schäden.

Ist die vermischung mit aquis alumini
bus/alaun wasser/culiculæ serpentinæ
ána. gegen dem zwelfften theil deß bad
wassers/darin laß baden wo die offnē
schäden sind/vñ weiter den leib nicht.
Damit purgier auch/rc.wie sich solchē
offnen schäden gebüre.

In menstruis/ Weiber kranck-
heiten/handel also.

Das du last in lauteren Wasser ba-
den vñ zutrincken gebist d ise vermisch
ung. Nim liquoris melissæ / melissen
safft/pulegij/poley/artemisię/bucken/
eins als viel badwasser darunder/laß
baden vnnd bemelt Wassertrincken/
biß zu end der badenfart/was weiter
der sterckung halben ist/außdem blos-
sen bad geben wird / mit rechter ord-
nung das selbig zuhalten.

Zu der massen sol ein jetlich bad wie
obsthet/das zu solchen Kranckheiten
gut ist/corrigiert vnd componiert/er-
bessert/gesterckt/vnnd zusammen ge-
E ij ordnet

Badenfart Büchlein

ordnet werden/darumb weiter nicht von nöten ist/ein jetlichs sonderlichen zuschreiben/sonder weiter auff mercken auff andre kranckheit/oder sonderliche art der bedern/die andre additiones/hinzusatzten/bedörffen/dieselbigen zuerkennen.

Von baden im Ergöw.
Das ander Capitel.

Das bad im Ergöuw/so genant wird in oberen Baden/nimpt seinen vrsprung auß de liquoribus gemmarum säfften edler gestein/nemlich auß dem Carabe vnd Citrinen/auch perlarum/auch auß der vermischung der spirituum/geister/der Metallen/veneris vnd Iouis/Kupffers auch Zinnes/nimpt sein gang auff de vierden puncten der erden/wird vnderlauffen mit andern Wassern darauß dann entspringt mehr oder weniger krafft in eim bad gegen dem andern zurechnen vnd

Der sechst Tractat.

vnd ist vnderworffen dem winde vnd lufft/vonn dem selbigen nach außgelescht zu werden/nachuolgend hat es sein durchlauff durch den Saturnischen arsenic/vnnd etlichs theils eine anhangende krafft von kalchstein/vn̄ auß dem aspalto/sein tugend ist gleich Pfäfers/allein außgenommē die mucilaginosische/ zähe schlipfferige kranckheit/ weiter so temperiert senftiget es die hemorroides/guldin ader/vnd die oppillationes in cardiaca passione/ verstopffungen der geng so im hertzgespā widerfart/thut auff die oppillationes so auß dem tartaro/das ist/ vom grien entspringen/vnd am selbigen ort wendet es auch den anfang deß Steins/ nimpt hin die gleich oder lānck schmertzen/dolores articulorum/die geseucht/ den Frauwen ist es sonderlich weder gutt noch böß/es seie dann do ein samen/ der zu gutem oder bösem fallen wölle ihrer gesungheit halben betreffend/den fürdert es.

Sein corrigierung/besserung/zu

L iij sol-

Badenfart Büchlein

solchen kranckheiten ist dermassen wie oben in Pfäfers / aber weiter zun bemelten Kranckheiten / was betreffend ist die hemorroides vnnd der Frauwen kranckheit / mit succo de safina / safft deß Seuen krauts / auff den hundersten theil vermischt / dergleichen auch ein solchs zutrincken morgens vñ nachts on vnderlaß noturfft erfordert in den oppillationibus vnnd cardaica / auch derselbigen gleichen / was grien vñ sand antrifft / dasselbig sol mit oleo cuperti no/öl von Kupfferwasser / vermischt werden / durch den zwölfften tropffen getruncken. Was in vlceribus geschwären ist / die es dañ sonderlich heilt mit realgor fixo temperiert / als dann gebraucht nach einhalt der baden fart. Sein art ist reudigkeit / krätzig / vnnd schebigkeit züuertreiben / am vollkomnisten vermischt mit aqua aluminis. Solche corectiones müssen da beschehen vonn wegen der schweche / so das bad an jm selbst empfacht / von den zu fallenden wassern.

Non

Der sechst Tractat.
Vom Walliſſer Bad.
Das dritt Capitel.

Das bad in Wallis laufft von dem dritten theil der erden/iſt auß den liquoribus deß Magneten vnd deß ſchwartzen Carabe/laufft durch die ärtz vñ kyß/Margazithen/Thalck Rakinia/ꝛc. Vnd etlich art der Granaten/nimpt ſein hitz auß der ſeparation/empfacht den gradum vom ſchnee birg/wird abkült mit dem liquoribus/ mit vrſprung vnd herkunfft Cryſtall/ zeucht den Margazithen vnnd Rakimien jren ſchwebel/ſulphur auß/mit einem anhangenden vitriol/hat ein kurtzen gradum durchzulauffen die mineralia lune vnnd Mercurij/mineren ſilbers vnd deß queckſilbers.

Seine virtutes ſind wie die bemelten bäder in nichten außgenommen/aber zu gleicher weiß wie ſcamontanea vbertrifft polipodium in ſeinen krefften/al

Badenfart Büchlein

ſo vbertrifft Walliſſer bad andere Bä
der/darumb die corrects am ſelbigen
ort treffenlich ſoll vorbehalten wer
dē/ſo hats verners ſolche eigenſchafft
die conditiones/das es zukünfftigen le
pram/auſſatz eröffnet/auch die waſſer
ſucht/ſo ſie etwas wenigs anzeigung
hette. Dergleichen in der contractur
ſo colica deß grimmen nach in inteſtinis
ingeweid/innerlich lege/zu boſem er
ſchieſſen wurd/Schad auch den hitzi
gen augen vnd gehör/fürdert ein jet
lichen Samen der da vnderſteht ein
kranckheit zůbringen oder ein geſund
heit.

Von dem bad Plumbers.

Des vierdt Capitel.

Das bad Plumbers ſam
let vnd erhebt ſich auß
den zemmenlauffendē
liquoribus an der ſelbi
gen gruben/vnnd iſt in
ſuperficie/fleche der Er
den/Iſt ein feule die da zuſammen ge
ſam

Der sechst Tractat.

samlet wird auß mancherley dingen/ wie gemelt ist / dieselbig feule het die art gleich einem misthauffen/ der kalt außgeschüt wird/ vnd als dann durch feule ein hitz empfacht/in solcher form vnd gestalt nimpt das Plumbers sein vrsprung / es gebürt in jhm selbst anfenglig ein nitrum vnnd ein jrrdischen geschmack von dem Erdschwebel/darumb so ist in jm in sonderheit kein treffenliche tugend / dann warzu die nitrische art gut ist / das ist / auß schlahen on nutz/ durch viele deß badens die müde nemmen / wie gemeiner wasser art sind. Vnd etlichs theils hat es ein anhang zu fürderē das/so zu gutem auff der ban ist/dergleichen zu fürderen dz böß/ so zu bösem geschickt ist / darinn ein artzet weißlich rathen solden krancken so auff solcher schnellwag sitzen. Weiter aber so hett es ein tugend zu den offnen schäden/die da auß den salibus carnis/saltz deß fleischs entsprungē sind/die selbigen zu heilē / auß der stipticitet/ zusammen paccenter vnd ser-

E v pen-

Badenfart Büchlein

pentinischer art/so in dem selbigē fau
len intro ist. So es aber sollich offnen
schäden zuheilen verseit/so ist sein cor
rection mit realger fixo das bad tempe
riert/vnd nach gemeinem brauch ge-
halten. Es ist auch träffenlich zubewe
gen die weissen fluß der frauwen/so in
etlichen jaren ein solcher fluß zukünff-
tig kommen solt/vnnd zukünfftige fe-
bres zu bewegen / dergleichen die ge-
schwer zubrechen / aber nachuolgend
jhre schaden nicht möglich zuwenden/
fürdert die rote rur / vnd die hemorroi
des. Weiter in andern hauptkranckhei
ten zu gutem für sich selbst auß eigner
krafft auch mit den correctionibus ists
eins kleines gewalts/darumb von sei-
nen krefften vnnd tugenden nicht viel
als von andern gemeinen faulen
wasseren/die etlichs theils auch
solcher art sind /zupreisen
ist.

Vom

Der sechst Tractat
Vom Wester Bad.
Das fünfft Capitel.

Dieses bad nimpt sein ursprung auß dem resoluierten visco der Erden in der gestalt wie ein jetlich Erden auß gewalt vnnd art deß Elements aquæ sein schwitzende art het/darauß volgt/souilerley sind genera vnd species der Erden/souilerley auch sondere wasser vnnd liquores darauß sich stillieren. Also ist am selbigen ort ein sondtre art/vnd sonderer den allein dienstlich in den weg zu füreren den samen/er sey wol oder vbel geseet. Aber weiter was die Chyrurgische kranckheiten betreffend ist/in allen offnen schäden vnd vlcerationibus so von den geschweren kummen/auch die fistel/vnd die vbel geheilten Wunden/vnd die wunden die zu löcher erwachsen sind/zur heilung bringt/vnd ander etlich wasser tugend/so allewasseren anhengig sind/mit jhm fürt mit
höhe

höherem grad vnnd stercke.

Es nimpt sein Correctiones in den leibkranckheiten nicht an/ dann es wil allein für sich selbst sein wirckung verbringen on ein compositum/ was aber die Chyrurgischen antreffend ist/ die selbigen solen in der gestalt corrigiert werden/ das der selbig lutum / lätt/ in ein kalch gemehlich gewendt calcem reuerberiert werd/ demnach soluiert in ein liquorem wider zerflöst in ein feuchte oder von jm excuciert sein alcali als dann Appliciert auff die scheden nach dem außgang vom bad/ vnd im Bad mit bemelten liquoribus dasselbig wasser gemengt. Es heilt auch in solcher gestalt die vlcerationes vesicæ/ verletzte blasen/ vnd ander inwendig vlcerationes/ die da von dē apostematibus wachsen möchten. Dieser liquor der also resoluiert wird/ ist ein treffenliche medicin podagricen vnd paraliticen/ vnnd was da auß den mucilaginosischen liquoribus vbertrifft/ auch in gesüchten mit der correction wie obsthet von solchen

Der sechst Tractat.

chen Krancktheiten/ es nimpt hin gesucht Ictericiam/ getruncken mit den reolis/ es Prouociert vrinam/ reitzet zu harnen/ getruncken mit den pilis albis es schad auch treffenlichen den dürren vnd hitzigen leuten/ vnnd was zu solchen hitzigen vnd dürren krancktheiten geschickt/ vor diesem bad man sich hüten soll. Was ander tugend vnd krefften darinn sind/ nemmen sich auß der zeit vnd guten weg.

Von Margraff Baden/ Wildbad/ vnnd Zellerbad.
Das sechst Capitel.

Jderbadē/ Wildtbad/ vñ Zellerbad/ diese drey Bäder haben einen vrsprung/ werden geteilt den cataracten wassergeng/ nach an die drey örter/ lauffen auß einem Kalchstein/ dadurch sie die werme empfahen. Der gang so gehn Niderbaden ghet/ der bleibt

Badenfart Büchlein

bleibt vnzerbrochen vollkommen biß
in den außgang/vnd laufft durch die
herten stein vnd gebirg/empfahet vn
derwegen kein zufallende tugend nit.
Der ander cataracten so in das Wild
bad ghet/laufft auch durch die gröbe
deß gebirgs/hat ein vermischte adere
die werme vnnd dergleichen Tugend
nimpt/dadurchs brochen wird. Zeller
bad wird gar abkült mit den zufallen
den wassern/laufft auch durch die reu
he/vñ empfahet kein andre art an sich
dann wie es ist. Im anfang seines vr
sprungs ist es ein gemein Wasser/wie
es aber durch den kalchstein laufft/dar
in es sein werme empfahet/vnd auch
die tugend/darumb sie mit sonderli
cher tugent nicht begabet sind/als al
lein was vom Kalchstein geben wird.

Darumb so sind jhre art vnd krafft
sondlich nit fürtreffend/sie fressen die
haut auff auß art desselbigen kalchs/
weiter so haben sie kein tugend zu hei
len offen schäden/allein zu seuberen
vnd zu reinigen. Die anderen tugend
so

Der sechst Tractat.

so sie in den lamen Glidern haben/ist gar schwach vnd blöd. Die stillung in Colica so dardurch beschicht/ist ein gemeine art eines jetlichen wassers das gewermbt wird/oder vber ein Kalckstein gegossen. Dergleichen auch das es die müde auß zeucht/lust macht zů essen/ringe leichte glieder/ist der ruw schuld vnd deß langen badens. Den alten abgearbeiten leuten/vnd den frawen so viel fruchtbar gewesen sind/ist es ein auffenthaltung/vnd ist ein kleiner vnderscheid zwüschen diesen dreyen bädern in jren krefften/was die vnderscheid ist/machen die einfallenden wasser/die sich theilen vonn einander. Sie haben auch die art an jnen/zů stillen vnd milteren etlich schwer kranckheiten/aber kein gewalt zu heilē. Dergleichen auch was die natur auff gůten weg gebracht hett fürderen/sey/ vnd auch was zu dem bösen geordnet ist. Bedörffen keiner correction/dann wo das hauptstuck nicht krafft vnnd gewald hett/da mag man durch die correctiones nichts inbringen.

Badenfart Büchlein.
Von dem Bad Casteyn.
Das siebendt Capitel.

Das bad Castein im Saltzburger Fürstenthumb/ nimpt sein vrsprung auß dem kalch der Margazichen/ Antimonij vnd deß selbigen salniters/laufft auß dem sechsten theil der Erden on ander einfallende Wasser/ sein gang ist durch die matrices der wilden roten Granaten/ auch der göldischen kisigen Granaten: mit viel anhangendem ärtz deß silbers vñ vnzeitigẽ golds/behalt sein tugend vnnd krafft biß an den tag/ auch den grad der hitz am letsten wie am ersten: hat auch ein zugang vnnd sterckung auß dem Kupfferischen vitriol / vnnd zeucht auß den mineralibus den arsenic vnd das auripigment/schaumpt auch von jhm ein schwebel fix vnnd vnfix.

Sein Tugend vergleichen sich den tugenden Pfäfers/aber mit sorglichem grad/auß vrsach/sein art ist bas
alle·

Der sechßt Tractat.

alle die geschwär im leib sich in diesem bad eröffnen vñ brechen mit gewalt/ darumb solchen Krancken leuten/ so an geschweren bresthafftig weren das Bad Castein nit tüglich ist/es hat ein krafft an jm/das es im dritten jar genugsam ist zuheilen die offnen schäden mit der Correction wie nachuolget. Dergleichen im vierden jar ist es genugsam züuertreiben die Contractur mit sampt seiner Correction. Solche art nimpts auß dem wachsen deß züfallenden sa'niters/der in das fünffte jar sein augmentum gibt/der arsenic im vierden jar/auripigmentum im dritten jar. Auß diesen dreien hat es die bemelt tugend vnd krafft. Die art deß zerbrechens der geschweren nimpt es auß den Margazichen/welcher gleich ist in der wirckung der selbigen/weiter von seinen tugenden/vergleicht es sich den anderen Bäderen vnnd warmen Wasser/sonderlich im grien züuer treiben/mit sampt der zu gehörenden Correction.

¶ Die

Die correction in die offnen schaden ist also.

℞ Aquæ aluminis singu. ℔. ij
Aluminis lameni
Cōsolidæ mucilaginis ℔. vnam.

Ist so viel gesagt/Nim alaun Waſſer/säderweiß jegliches zwey pfund/ deß zähen schleims von der wallwurtzen ein pfund/deß bads/so viel genug iſt/halt den proceß wie oben sthet.

Die correctio in die contractur iſt also.

℞ Olei de anthera liliorum vnci. 4.
Aquæ aluminis libram mediam.

Nim öli auß den gälen büglin vonn lilgen acht lott/Alaun waſſer ein halb pfund/laß zusammen sieden biß daß öl weiß werd/vnnd Mucilaginosisch/ schütz in die warmen/daruon Bad nach gelegenheit deiner stercke.

Die correction zu dem grien.

℞ Radicum aquilegiæ lib. vnam.
Seminis thanaceti libram semis.

Nim agleien wurtzen ein pfund/
gen

Der sechst Tractat.

genserichs samen ein halb pfundt/laß
durch einander sieden/darinnen bad
nach gelegenheit der kranckheiten. An
derer tugend halben so inn dem Bad
Castein sind/sind alle in massen/wie
von den vorgemelten bäderen geschri
ben steht.

Von Döpplitz in Böhe-
men/von Baden in Österreich/
von Villacher Bad.
Das acht Capitel.

Jese drey Bäder nem-
men ein gleichen Ur-
sprung/vnd kommen
auß den Kalchsteinen/
jedoch so bringē sie kein
tugend mit jnen: Wañ
jr durchgang vnnd dergleichen. Was
in den selbigen cataracten ligt/geben
kein einfallende wirckung/sie werden
auch vonn dem kalch gewermbt on al
le krafft vnnd art desselbigen kalchs.
Dieweil nun kein andere krafft ist als
allein wie in dē gemeinen warmē was
ij F sern

Badenfart Büchlein

sern/darinnen dann vber die werme weiter kein krafft ist/darvon dann nit zuschreiben wiewol das Osterreichisch Bad ein wenig mit fürt auß der art Thalck vnd Rakimie/so ist es doch sonderlich mit keinē krefften begabet. Darumb sie eben gleich den andern gemeinen wassern/ꝛc. vergleicht werdē.

Vonn dem brunnen Göppingen/auch von dem brunnen vnder Cobolentz/vnd dem sauren wasser in dem moß vonn Eger/ vnd im Grawen pundt.

Das neundt Capitel.

Diese sauren brunnen nemen gleichen vrsprung/ doch mit etlicher vnderscheid in ihnen selbst/als Göppingē ist ein gemein wasser/vnnd empfacht sein seure auß den mineralibus/dadurch es laufft/vitrioli/cupri/vnd ferrei/kupffers/kupfferwassers/vnd eisens. Dieselbig art ist also subteil/so balds die Werme begreifft

Der sechst Tractat.

greifft/ so entweicht der gustus/ aber die krafft so darinnen ist/ bleibt. Die mineralia vonn denen es sein seure empfacht sind nicht zeitig vnd ligen nach in der ersten materia/ vnd ertrincken in denen Wassern/ darumb die krafft sich dem Wasser zugleichnet. Es ist auch ein teglich wachssen vnnd ein tegliche durchlauffen/ an eim ort vester dann am andn/ darumb seine virtutes/ wirckung/ groß sind zu reinigen vn̄ heilen die offnen schäden mit den ersten correctionibus. Auch reudigkeit vnd was kretzig vnd dergleichen ist mit saltz vermischt hinweg nimpt/ vn̄ auß der art deß vnzeitigē vitriols/ vnd deß miner marten/ hat es die Krafft zü stercken den magen/ vnd das vngesundt ding in jm außzutreiben/ lust zum essen zu machen/ die kalten wee zü stillen/ ja w^z von feule im leib ligt/ mit dem durchgang hinweg zutreibē/ was aber chronici morbi/ langwirige Kranckheiten sind/ sollen sich daruor hütten/ Item die quartanarij/ so mit dem viertägigen

F iij   ritten

ritten beschwerd/vnd die in hyposarca
ein eigenschafft haben/ es were dann
vorhin hinweg genommen. Das bad
bey Cobolentz ist ohn tugend zu Ba-
den / aber zu trincken hat es etlichs
theils ein art an jm den magen zuster-
cken/die feule herauß zutreiben. Der
Brunnen zu Eger nimpt seine seure
auß der feule deß moß/hat ein kleinen
anhang von den bemeltē mineralibus.
Der im Growen pundt vergleicht sich
Göppingen/ vnnd ist auch edler/auß
vrsachen/das mehr zulauffender mi-
neralia in Cataracten ligen/dadurch
die selb seure laufft/reiniget vnd seu-
bert sich baß auß.

Von dem saltz sultzen.
Das zehend Capitel.

So wissend vonn den sul-
tzen deß saltzes ein solche
eygenschafft / Welcher
nach ordnung seiner art
vnd eygenschafft darin
badet/der ist sicher von allen ölschenck-
len

Der sechst Tractat.

len vnd wz auß den selbigẽ entspringt
oder komen mag / vertreibt auch hin
weg zukünfftig offen schäden / so auß
den blatern zuwachsen vnderstond/
dergleichen auch nimpt es die flüß po
dagræ vñ paralysis hinweg/nimpt auch
all hydropisin vnnd hyposarchen hin
weg/ im anfang derselbigen. Es ist
der art vnd eigenschafft das es die ge
äder sterckt / die gleich/ vnd was vonn
flüssen oð liquoribus kumpt/ verzerts
hinweg/vnd ist der art/was an jm sel
ber nicht wirckt/das weiter on alle ad
ditiones nicht beschehen mag.

Vber das alles wie ich vonn den
krefften der Bäder geschrieben hab/
wüssend / das vil seltzamer tugend vñ
krafft in jnen / die nach gründtlich nit
am tag ligen / Dann auß dem oblen
verstand der Vngelerten Doctoren
vnd artzeten / werden die bäder so gar
mißbraucht/ dz deß bads eigenschafft
in den krancken nichts wircken mag/
Dann ein jetliche Tugend so sie wider
jr art gebraucht wird/ one gute wirck
F iiij ung

ung zergehn muß / So sind jr auch vil
deren namen ich hie nit setz / in andren
landen / von welchen ich die meinung
gemacht hab im anfang deß libels / je-
doch zu einer merern vnderrichtung /
damit euch vnd allen die eigenschafft
der bäderen erkäntlicher vnd leichter
zůverstehn sciend / so mercken nachuol
gend / welchen Kreutern oder simplici-
bus sie sich vergleichen / als das Bad
Pfäfers vergleicht sich der Mellissa /
vnnd den bletteren von Elleboro albo
vñ nigro / dargegen auch der Iua arteti-
ca / der agrimonien / den serpentinen / vñ
etlichs theils auch der mumia. Ober ba
den im Ergöw vergleicht sich der arte-
misia / beifůß / etlichs theils den treff-
ten Basiliconis / basilien / der tugend po
coniæ / benigen / vnd den alumen. Wal-
lis vergleicht sich dem alumen in etlichē
stucken / darnach der Iassa / münchs kap
pen / den antheris auß den Liligen / den
gälen butzen der liligē. Plumbers ver
gleicht sich dem Solatro / Nachtschat /
vnnd Portulaca burtzeln / mit einer an-
fal

Der sechst Tractat.

fallenden werme. Die bäder zu Nider
baden/vnd im Schwartzwald/rc. ver
gleichen sich den Camillen/vnd ein we
nig der Iuaarthetica. Walschpurn ver
gleicht sich dem bolo armeno/der gröſ
ſeren Consolida/walwurtz/vnd etlichẽ
theils der Iassa. Castein vergleicht sich
der Melissa/pulegio/Iua arthetica/d Ser
pentina/consolida/ vnd treffenlich viel
auß den krefften Camomillæ. Die Döp
plitz Osterreichisch baden/Villach/rc.
vergleichen sich den krefften ligustici/
laubstöckels. Die saltz sultzen verglei
chen sich dem abgelöschten kalch/dem
lythargirio præparato / dẽ bolo resolũto
Hierin, so merck das solche Kreuter/
wie angezeigt ist / wiewol sie mit tref
fenlichen tugenden begabt sind/vnnd
sonderlich specificiert/jedoch aber die
hilff manchmal abschlahẽ/also wanck
len auch die bäder mit jren tugenden/
darumb sonderlichen in rath geben der
selbigen / solche Cautel sollen betracht
werden. Vnd weil ich jetziger zeit hie
mit diese tractaten also beschliessen/
Gott welle dz sie recht vfstandẽ werdẽ

Außlegung der Caractheren vnd entzigen Buchstaben / was ein jeglicher vor sich selbs bedeutte.

℥	Vncia
℥s	Vncia semis
ʒ	Dragma
ʒs	Dragma semis
℔	Libra
℔s	Libra semis
℈	Scrupulus
℈s	Scrupulus semis
g	granum
M	Manipulus
Ms	Manip. semis
P.	Pugillus
ana i.	eines sovil als deß anderen
q. s.	quantum. sufficit.

Verʒ

Verzeichnuß vnd anzeigung/wie die Bäder/darein zu Baden zugericht vnd bereit seind/ꝛc.

Gctruckt zu Franckfurt am
Mayn/durch Peter Schmid/
in der Thöngißgassen zum
Rendel.

1 5 6 6.

www.ingramcontent.com/pod-product-compliance
Lightning Source LLC
Chambersburg PA
CBHW032250080426
42735CB00008B/1074